LOUIS IX,

ROI DE FRANCE,

LOUIS PHILIPPE, ROI DES FRANÇAIS,

ET

LES FLEURS DE LYS.

LYON.

IMPRIMERIE DE L. BOITEL,

QUAI SAINT-ANTOINE, 36,

1841.

LOUIS IX,

ROI DE FRANCE,

LOUIS PHILIPPE, ROI DES FRANÇAIS,

ET

LES FLEURS DE LYS.

LYON.

IMPRIMERIE DE L. BOITEL,

QUAI SAINT-ANTOINE, 36,

1841.

LOUIS IX, ROI DE FRANCE,

LOUIS PHILIPPE, ROI DES FRANÇAIS,

ET

LES FLEURS DE LYS.

LYON, IMPRIMERIE DE L. BOITEL, QUAI SAINT-ANTOINE, 36.

LOUIS IX, ROI DE FRANCE,

LOUIS PHILIPPE, ROI DES FRANÇAIS,

LES FLEURS DE LYS.

On sait que Louis IX se plaisait extrêmement à rendre la
justice lui-même. Un jour qu'il tenait son tribunal sous les
vieux chênes de son beau parc de Vincennes, une poissarde
de Paris, nommée *Sarrette,* vint se mettre à son côté et lui dit :
« Fi ! fi ! devez-vous être roi de France ? mieux eût valu que
ce fut tout autre : vous n'êtes que le roi des frères mineurs
et des frères quêteurs. » Assez peu surpris de la grossière
hardiesse de cette femme, Louis lui répondit très doucement :
« Vous avez raison ; je conviens que je ne suis pas digne
d'être roi ; mais puisque Dieu veut que je règne, je dois
obéir à ses décrets, et je remplirai la mission qu'il m'a con-
fiée. »

Il paraît, d'après cette petite anecdote, rapportée par

M. Alexandre Mazas, dans son excellent *Cours d'Histoire de France*, que, de tout temps, le bon peuple de Paris a pris la liberté de censurer le caractère et la conduite de ses rois. Quelqu'imposante que pourrait être aux yeux de certaines personnes l'autorité de dame *Sarrette*, quelque grandes que soient les lumières des notabilités masculines et féminines qui courent les rues de la capitale, ou qui stationnent sur ses quais, ses places, ses marchés, il est très permis de penser que Louis IX n'a pas mal rempli sa mission de *roi*, et beaucoup de gens seront de l'avis de Voltaire, quand il dit : « Louis IX paraissait un prince destiné à réformer l'Europe, si elle avait pu l'être ; à rendre la France triomphante et policée, et à être en tout le modèle des hommes. Sa piété, qui était celle d'un anachorète, ne lui ôta aucune vertu de roi ; une sage économie ne déroba rien à sa libéralité ; il sut accorder une politique profonde avec une justice exacte, et peut–être est–il le seul souverain qui mérite cette louange ; prudent et ferme dans le conseil, intrépide dans le combat sans être emporté, compatissant comme s'il n'avait jamais été que malheureux, il n'a pas été donné à l'homme de pousser plus loin la vertu. »

Les écrivains du siècle dernier ont généralement très mal envisagé le fait des *Croisades*, malgré leur grande prétention à l'*esprit philosophique* ; nos écrivains ont aujourd'hui beaucoup plus de sagacité, et nous trouvons, dans l'*Echo des Ouvriers*, petite feuille qui paraissait dernièrement à Lyon une fois par mois, un passage sur les Croisades qui mérite d'être cité : « Des évènements qui eurent des conséquences immenses pour l'industrie et pour la civilisation de l'Europe, vinrent bientôt, dit l'*Echo*, bouleverser la féodalité et porter une rude atteinte à l'immobilité dont elle avait frappé hommes et sol. Un cri religieux retentit tout à coup dans la chrétienté, et les peuples, ralliés sous l'étendard de la croix, se mirent en marche vers l'Orient, où ils fondèrent des royaumes chrétiens. Les Croisades vinrent exercer une influence heureuse sur les progrès du commerce ; elles lui créèrent des rapports plus faciles avec les pays lointains ; elles rapprochèrent et mêlèrent les peuples ; elles affaiblirent la féodalité ; elles enrichirent de ses dépouilles la bourgeoisie, et elles commencèrent la formation du tiers-état ; le pouvoir royal prit un peu plus d'extension et vint prêter son appui au peuple. »

C'est à Louis IX que les habitants de Lyon doivent remonter pour trouver l'origine de leur affranchissement. A l'époque des Croisades, Lyon fut souvent un lieu de *rendez-vous* que se donnaient les princes chrétiens pour marcher ensuite, avec leurs troupes réunies, à la conquête de la Terre-Sainte. Philippe Auguste et Richard Cœur-de-Lion s'y étaient rendus, partant pour la troisième expédition contre les infidèles : en 1270, Louis IX, accompagné de Philippe, son fils aîné, du roi de Navarre, son gendre, du duc de Bourgogne, des comtes d'Alençon, de Valois, de Nevers, d'Artois, de Flandre et de Saint-Pol, y arriva au milieu d'avril. Les bourgeois de Lyon, qui n'avaient cessé jusque là de faire de vains efforts pour secouer le joug de la puissance temporelle de leurs archevêques, virent, dans l'arrivée du roi, l'heureux présage de l'affranchissement de leur ville. « Ils se piquèrent, dit M. Alexandre Mazas, de faire à Louis IX une réception si magnifique, que le prince en parut surpris ; ils le supplièrent d'obtenir de l'archevêque une *Commune* pour la cité : déjà, lors du passage de Philippe Auguste, Jean de Belesne s'était vu obligé de souscrire à quelques concessions ; Gérard, évêque d'Autun, avait été nommé administrateur du diocèse de Lyon, après la démission de Philippe de Savoie : cette circonstance parut favorable ; Louis obtint du Cardinal d'Albane, qui l'accompagnait comme légat du Saint-Siége, une bulle qui révoquait la sentence d'interdit lancée par

l'administrateur sur la cité rebelle; le roi y joignit une ordonnance qui mettait la justice temporelle dans sa main, et
qui permettait aux bourgeois d'appeler des jugements des
officiers ecclésiastiques à son bailli de Mâcon. Louis partit
ensuite pour le Languedoc, laissant à Nîmes cinq commis-
saires chargés de recueillir les plaintes des Lyonnais, c'est
vers cette époque que le régime consulaire s'établit à Lyon.»

Parti du port d'Aigues-Mortes, Louis IX débarqua sur les
côtes d'Afrique vers les derniers jours de juillet, non loin des
ruines de Carthage. Après avoir écrasé quelques bandes de
Bédouins, les Français marchèrent sur Tunis; mais Louis
ayant jugé à propos de ne rien entreprendre de sérieux contre cette ville, avant l'arrivée de son frère Charles d'Anjou,
roi de Naples, l'armée expéditionnaire resta dans une inac-
tion fatale. En effet, au bout de quelques jours, l'eau étant
venue à manquer entièrement, chefs et soldats se trouvèrent
en proie à toutes les horreurs d'une soif brûlante, et la peste
se déclara dans l'armée, dès la seconde semaine. Atteint lui-
même de la contagion, Louis, qui, déjà très malade, avait
quitté la France, expira au milieu des sanglots de tous ses
compagnons d'armes, le 25 août 1270, âgé seulement de
cinquante-six ans. On fit bouillir son corps dans du vin, afin
de n'en rapporter en France que la charpente osseuse qui fut
mise avec le cœur du roi dans un cercueil. A son retour d'A-
frique, et le même jour de son arrivée à Paris, Philippe-le-
Hardi porta lui-même, sur ses épaules, les restes de son père
à Saint-Denis. On lit, dans quelques historiens de la ville de
Paris, que dans le trajet du faubourg Saint-Laurent à Saint-
Denis, Philippe se reposa sept fois, et que le souvenir de chaque station fut consacré par la plantation d'une borne en
pierre. Ce n'est qu'en 1793, que les sept bornes ont cessé
d'exister.

Les journaux du mois d'août qui vient de finir, nous ont

appris que, sur les lieux où Louis IX rendit le dernier soupir, s'élève aujourd'hui une chapelle bâtie en mémoire de ce prince, et aux frais de Louis Philippe, roi des Français. L'érection de cet édifice est non seulement une pensée de piété filiale qui honore infiniment celui qui l'a conçue, mais elle fait voir encore tout ce qu'il y a de vraiment national dans l'ame de notre monarque constitutionnel. Comment s'est-il fait que, depuis près de six siècles qu'est mort saint Louis, aucun de ses descendants n'ait songé à lui rendre un devoir semblable à celui dont nous venons d'être informé? n'est-ce pas un insigne honneur pour notre époque, de voir auprès des antiques débris de la cité d'Annibal, un monument qui rappelle aux populations africaines les glorieux faits d'armes de nos ancêtres, et qui semble leur dire que ce n'est pas d'hier que la valeur française a brillé dans leurs climats?

Le terrain, sur lequel est construite cette chapelle, est situé à l'ouest de la Goulette de Tunis, entre la mer, au nord, et des ruines Romaines et Carthaginoises, au midi ; c'est un présent offert au roi Louis Philippe, par l'émir Ahmed, bey actuel de Tunis, et la remise solennelle en a été faite le 25 août 1840, à M. Delagan, consul général de France, par Sidi Mahmoud, un des principaux officiers du Bey, en présence de M. l'amiral Rosamel et de tous les officiers de l'escadre française en station dans les mers du Levant. Les journaux sont entrés dans très peu de détails sur l'intéressant monument dont vient d'être dotée la plage barbaresque; ils se sont bornés à nous en indiquer la forme, ainsi que la nature des matériaux qui y ont été employés ; ils nous ont parlé d'un autel en marbre blanc, et d'une statue en pied du saint roi, aussi en marbre, exécutée par M. Emile Seurre; mais ils ne nous ont rien dit du système d'ornementation suivi par l'architecte. On fait croire que les *Fleurs de lys* n'y ont pas été oubliées, autrement l'ouvrage serait imparfait, sans rapport avec les pages de notre histoire, en un mot il serait vraiment inintelligible.

Depuis le service funèbre qui fut malencontreusement célébré à Paris, en février 1831, dans l'église de St-Germain-l'Auxerrois, pour le repos de l'ame de l'infortuné duc de Berry, les fleurs de lys ont été proscrites par une populace ignorante et furieuse : à présent que le calme a remplacé l'effervescence; aujourd'hui que la raison se fait jour dans tous les esprits, les fleurs de lys ne doivent offusquer les regards de personne. La révolution de 1789 ne les proscrivit pas; elles continuèrent de figurer sur tous nos monuments, sur les drapeaux et étendards de nos régiments de ligne, et nos soldats les portèrent aux retroussis de leurs habits jusqu'à la fin de 1792, où fut institué le gouvernement de la république (1).

La révolution de 1830 ne s'est pas faite en haine des fleurs de lys, rétablies à la Restauration, et qui n'étaient, après tout, que des marques servant, depuis l'époque où commença l'usage des *armoiries*, à distinguer les rois de France et les princes issus du sang royal, des autres maisons nobles du royaume et des maisons princières de l'étranger. La France actuelle n'est pas un état républicain; son gouvernement est monarchique et constitutionnel, et l'esprit, aussi bien que la lettre de notre constitution, ne réprouvent en aucune façon les armoiries, par la raison qu'elles n'ont rien à démêler avec la féodalité (2). Il est de fait que sous les prin-

(1) Les fleurs de lys qui figuraient, en 1789, sur la *porte Saint-Denis*, à Paris, et qui en avaient disparu en 1793, furent rétablies sur ce monument en 1812, par les soins du gouvernement impérial.

(2) La féodalité présente deux choses qu'il faut bien distinguer, le *régime féodal de la propriété foncière*, antérieur à l'établissement même de la monarchie française, et le *régime féodal de la seigneurie*, né sous les faibles descendants de Charlemagne.

ces Mérovingiens, comme sous les Carlovingiens, et même sous les six premiers rois de la troisième race, l'usage des armoiries était inconnu en France ; il ne s'y est introduit qu'à l'époque de la seconde croisade, où la puissance des seigneurs féodaux avait déjà perdu beaucoup de son poids. Comme les chefs militaires et leurs hommes d'armes étaient alors couverts de fer, on sentit la nécessité, pour se distinguer et se reconnaître, de prendre une marque extérieure. Les différentes couleurs des riches étoffes de l'Orient, ou des belles fourrures de la Russie, que nos guerriers avaient eu la fantaisie de mettre par-dessus leurs cuirasses, servirent donc à les distinguer entr'eux, et ces couleurs composèrent depuis celles du blason. Chaque famille les fit passer dans ses armes, en y ajoutant des signes symboliques propres à fixer et conserver le souvenir de leurs dignités, de leurs hauts faits, de leurs alliances.

Puisque toutes les familles nobles prenaient des armoiries, il était naturel que la famille royale eut aussi les siennes. Philippe Auguste, fils de France, et marié à Isabelle de Hainaut, qui lui avait apporté en dot le comté d'Artois, séparé du comté de Flandre par la *Lys*, adopta pour ses armoiries, de petites fleurs *jaunes*. qui croissent abondamment sur les bords de cette rivière, lesquelles n'ont rien de commun avec le lis des jardins qui est *blanc* ; il plaça ces fleurs des bords de la Lys, sur un champ d'*azur*, et tous ses successeurs ont constamment gardé ces marques. Dans l'origine, l'écu des rois de France était semé de fleurs de lys sans nombre : ce fut le roi Charles V qui les réduisit à trois (1).

(1) On a beaucoup disserté sur l'origine des fleurs de lys : l'opinion qu'on vient de lire est la plus naturelle et la plus vraisemblable ; elle est tirée du *Dictionnaire universel de la France,* par le professeur Robert de Hesseliu.

Une preuve encore plus décisive que les armoiries n'ont rien à démêler avec la féodalité, c'est qu'en 1806 des statuts impériaux érigèrent en *duchés grands fiefs de l'Empire* la Dalmatie, l'Istrie, le Frioul, Cadore, Bellune, Conégliano, Trévise, Feltri, Bassano, Vicence, Padoue, etc., et qu'un décret impérial de la même année institua les titres de *duc*, de *comte*, de *baron*, de *chevalier*, en y ajoutant des armoiries analogues à chacun. A cette époque, personne, en France, ne vit dans tous ces actes que ce qui y était réellement, c'est-à-dire la création de dignités nouvelles, d'honneurs nouveaux. Par les chartres de 1814 et de 1830, les titres de la noblesse française, ancienne et nouvelle, ayant été maintenus, les armoiries l'ont été pareillement; aussi Louis Philippe, par son ordonnance du 13 août 1830, crut-il pouvoir conserver les *fleurs de lys*, marques de nos rois et de tous les princes issus de l'antique maison de *France*, soit qu'ils aient porté le nom de *Valois*, soit qu'ils aient porté celui de *Bourbon*. En proscrivant les fleurs de lys, qui, pour le dire en passant, n'ont jamais causé de dommage à personne, on a très brutalement fait disparaître un des plus intéressants monuments de notre histoire : il résulte de cet acte de vandalisme, que le monarque assis actuellement sur le trône de France, de même que ses cinq nobles fils, sont les seuls princes, en Europe, qui n'aient plus d'armoiries, pendant que tous nos nobles, anciens et nouveaux, ont conservé les leurs; pendant que les portières de nos nouvelles voitures de place sont toutes armoiriées, que les cochers de ces voitures portent une livrée, et semblent faire croire, par là, que les personnes qui sont dedans appartiennent aux premières classes de la société.

Un arrêté de **M. Prunelle**, maire provisoire de Lyon, en date du 3 septembre 1830, approuvé par **M. Paulze d'Ivoy**, préfet du Rhône, reconnaissait alors que les armes de la maison d'*Orléans*, qui devaient former le sceau de l'état, étaient de

France, c'est-à-dire à trois fleurs de lys d'*or*, au champ d'*azur*, au lambel de trois pendants d'*argent*, et il disait que les fleurs de lys n'étaient point les armes particulières de la *famille déchue*, mais bien celles de la *Monarchie Française*. A cet égard, l'arrêté de M. Prunelle manquait de clarté, même d'exactitude; l'histoire est là pour le démontrer.

Après la défaite de Syagrius, et quand Clovis eut poussé ses conquêtes jusqu'à Paris, tout le pays renfermé entre la Seine, la Marne, l'Oise et l'Aisne, prit le nom de *France*, et ce nom s'étendit un peu plus tard à une assez grande partie du territoire situé entre la Seine et la Loire.

Pas plus que ses prédécesseurs, Clovis ne prit le titre de roi de *France* (1). Après sa mort ses états furent partagés entre ses quatre fils, Childebert, Thierry, Clotaire et Clodomir, et il y eut un roi à Paris, un autre à Metz, un autre à Soissons, un autre à Orléans.

(1) A l'époque de l'invasion des Gaules par les nations appelées *barbares*, les Francs, qui étaient alliés des Romains, firent de grands efforts pour défendre le territoire de l'empire, mais toute leur valeur fut inutile; ils ne purent empêcher les Barbares de passer le Rhin, à Bâle, le 31 décembre de l'année 406.

En leur qualité d'*alliés des Romains*, les rois Francs ont été souvent en possession de dignités que leur conféraient les empereurs. Le roi Childéric, père de Clovis, était *maître de la milice romaine* dans les Gaules, et tout fait voir que Clovis lui-même, quand il prit les armes contre Syagrius, agissait dans l'intérêt de l'empire; rien ne le prouve mieux que la dignité de *consul* qu'il reçut plus tard de l'empereur Anastase, dignité qui mettait sous son commandement, tant au militaire qu'au civil, toutes les provinces gauloises; mais qui ne lui en donnait pas la souveraineté. Les empereurs d'Orient, après la révolte d'Odoacre, roi des Hérules, qui se fit proclamer dans Rome, en 476, roi d'Italie, ayant succédé à tous les droits des empereurs d'Occident, regardaient les Gaules comme étant de leur domaine; aussi les disputèrent-ils longtemps aux Bourguignons et aux Visigoths : ce fut Justinien, qui, par l'éloignement où elles se trouvaient de Constantinople, siége de l'empire d'Orient, prit enfin le parti d'en faire cession pleine et entière, vers la fin de 540, aux enfants de Clotaire 1er, fils de Clovis.

A la mort de Clotaire, roi de Soissons, qui fut, pendant trois ans, seul chef de l'*empire des Francs*, par la mort de ses frères et de ses neveux, un nouveau partage eut lieu entre ses quatre fils, Charibert, roi de Paris, Gontran, roi d'Orléans, Chilpéric, roi de Soissons, et Sigebert roi de Metz.

Depuis la mort de Charibert jusqu'au dernier prince mérovingien qui fut déposé par Pepin-le-Bref, l'empire des Francs présenta trois royaumes, la *Neustrie*, la *Bourgogne* et l'*Austrasie*, royaume en grande partie composé de provinces *allemandes*, conquises par les Mérovingiens, ou par les maires de leurs palais (1). Les princes mérovingiens n'ont donc été que des *rois Francs*, et non des *rois de France*. Charles-Martel, qui, pendant près de trente ans, exerça le pouvoir suprême dans les trois royaumes, prenait, à l'exemple de son père, le titre de *duc et prince des Francs* : à sa mort, Pepin-le-Bref, pendant environ neuf ans que dura le règne de Childéric III, gouverna les trois royaumes sous le même titre que son père.

A la mort de Pepin, Charlemagne son fils aîné, prit possession des royaumes de Bourgogne et de Neustrie, et Carloman, son second fils, régna sur l'Austrasie. Carloman ne porta la couronne qu'à peu près quatre ans, au bout desquels il mourut, laissant deux fils au berceau qui ne succédèrent point à leur père ; les grands d'Austrasie déférèrent la couronne à Charlemagne qui se trouva, par là, maître unique et absolu dans les trois royaumes. Après avoir triomphé des Lombards, des Saxons, des Bavarois, des Huns, des Maures

(1) Avec les Mérovingiens finirent les *rois francs*. Pepin d'Héristal, maire du palais du roi d'Austrasie, était *allemand*, de même que Charles Martel, son fils, Pepin-le-Bref, son petit-fils, et Charlemagne, son arrière-petit-fils, né dans un château, près de Saltzbourg. Le caractère et les goûts *tudesques* des princes carlovingiens n'ont pas peu contribué à les faire descendre du trône.

d'Espagne, des Bretons et des Aquitains, ce grand homme, qui ne prit jamais le titre de *roi de France*, fut proclamé dans Rome *empereur d'Occident*.

A la mort de Louis-le-Débonnaire, fils de Charlemagne, l'empire fut partagé entre ses trois fils : Lothaire, qui eut la couronne d'Italie ; Louis, celle de Bavière, et Charles-le-Chauve, qui fut roi de Neustrie, de Bourgogne et d'Aquitaine. Après la fameuse bataille de Fontenay, un nouveau partage eut lieu en 843, entre les trois frères : Charles conserva non seulement la Neustrie et l'Aquitaine, mais il eut en outre de grands territoires situés entre la Loire et la Meuse ; Louis eut toute la Germanie, et le nom d'empereur demeura à Lothaire, avec l'Italie, la Lorraine, la Franche-Comté, la Bourgogne, le Lyonnais, le Dauphiné, la Savoie, la Provence, enfin toutes les contrées qui se trouvent enclavées entre le Rhône, le Rhin, la Saône, la Meuse et l'Escaut.

Charles-le-Chauve ne prit point le titre de *roi de France*, et ce fut sous son règne que les *ducs*, les *marquis* et les *comtes*, officiers commissionnés par le souverain, et révocables à sa volonté, commencèrent à obtenir la possession héréditaire des provinces et des villes placées sous leur commandement : de là prit naissance le *régime féodal* de la *seigneurie*, régime qui fit de si grands progrès sous Louis-le-Bègue et ses descendants, que Louis V, dernier prince de la race Carlovingienne, race véritablement *Allemande*, se trouvait réduit à ne posséder en propre que la ville de Soissons et celle de Laon. A cette époque, l'empire des Francs était réellement partagé entre les grands vassaux de la couronne, lesquels, à la vérité, étaient liés au roi par un serment de foi et hommage ; mais ce serment était souvent pour eux très peu de chose, et ils ne le tenaient qu'au gré de leur caprice, ou selon la mesure de leurs intérêts (1).

(1) Les feudataires ou grands vassaux de la couronne, à la mort de Louis V,

Le plus puissant de tous les grands vassaux, à la mort de Louis V, le plus illustre, à cause des alliances de sa famille avec celle des Carlovingiens, était assurément Hugues-Capet, fils aîné de Hugues-le-Grand (1); il était duc de France, comte de Paris et d'Orléans, et il possédait en outre de grands domaines dans la Champagne et dans la Picardie. En montant sur le trône, il réunit toutes ses possessions à la couronnne, et ce fut alors que commença véritablement le règne de la *maison de France*, maison qui, par la longue suite de rois qu'elle a donnés, a fait prendre son nom à tout le pays sur lequel aujourd'hui règne Louis-Philippe. La maison de France et la monarchie vraiment *Française* sont donc le fait réel de l'intronisation de Hugues-Capet, dont la sage politique rendit le sceptre héréditaire de mâle en mâle, et par ordre de primogéniture; dont les habiles successeurs travaillèrent sans relâche à la destruction du régime féodal de la seigneurie; parvinrent, par de belles alliances, ou par d'heureux traités, à réunir de grandes provinces à la couronne, et vinrent à bout d'établir à jamais l'unité et l'indivisibilité du royaume.

Maintenant, pour en revenir à l'arrêté de M. Prunelle, dans lequel on lisait que les *fleurs de lys* n'étaient point les *armes particulières de la famille déchue*, mais bien *celles de la monarchie Française*, il eut été plus exact de dire que les fleurs de lys étaient les armes de tous les princes issus de la

étaient les ducs de *France*, de *Normandie*, de *Bretagne*, de *Bourgogne*, d'*Aquitaine*, de *Gascogne*, les comtes de *Vermandois*, de *Flandre*, de *Champagne*, de *Poitiers*, de *Toulouse* et de *Barcelonne*.

(1) Hugues Capet se trouvait, par sa mère, neveu d'Othon, roi de Germanie, d'Edouard, roi d'Angleterre, du roi Louis-d'Outremer : il était cousin germain du roi Lothaire, oncle à la mode de Bretagne du roi Louis V, dont il fut le plus ferme appui, frère de Henry, duc de Bourgogne, et beau-frère de Richard, duc de Normandie.

maison royale de France, et pareillement celles de la monarchie fraçaise. A l'époque funeste de la *Ligue*, où les trois
quarts de la nation furent assez insensés pour donner la pré-
férence à un prince de la maison de Lorraine, sur Henri de
Bourbon, roi de Navarre, prince de la maison de France, il
parut un livre, chef-d'œuvre de bon sens et de bonne plai-
santerie, un livre vraiment français, qui contribua très puis-
samment à rectifier les idées de nos pères. Ce livre est la fameuse *Satyre Ménippée*, ouvrage qui a été réimprimé en 1824
par les soins de **M.** Charles Nodier, et aux acclamations de
tout le parti constitutionnel. Parmi les excellents morceaux
que renferme la *Satyre Ménippée*, on a toujours distingué
la *harangue* du président d'Aubray, député du troisième ordre aux états de la Ligue. En voici un court passage qui
vient à l'appui de tout ce qui a été dit plus haut à l'égard des
fleurs de lys :

« Nous demandons, dit l'orateur du *Tiers-Etat*, un roi
déjà fait et non à faire, et n'en voulons point prendre le
conseil des Espagnols... Le roi que nous demandons est déjà
fait par la nature, né au vrai parterre des fleurs de lys de
France... Ceux qui parlent d'en faire un autre se trompent
et ne sauraient en venir à bout. »

Louis-Philippe est né, comme son aïeul Henri IV, au vrai
parterre des fleurs de lys de France; il est, au mépris des
chartes constitutionnelles de 1814 et de 1830, privé, lui et
ses siens, de la faculté qu'ont tous les autres nobles du
royaume d'avoir des armoiries. Quelles raisons valables peu-
vent justifier une telle violation de droit? Serait-il dit que,
malgré le dévouement dont Louis-Philippe a fait preuve en
1830, en acceptant un sceptre brisé; malgré la résignation
qu'il a montrée en laissant mettre sur son front un diadème mu-
tilé qu'il savait bien ne devoir être pour lui qu'une *couronne
d'épines*; malgré sa patience au milieu des outrages dont il

n'a cessé d'être abreuvé ; malgré sa fermeté stoïque au milieu des attentats sans nombre dirigés contre son auguste personne ; serait-il dit, encore une fois, qu'aucun compte ne devra lui être tenu des sacrifices de tous genres qu'il a courageusement faits aux intérêts du pays? Non, la France ne saurait être ingrate ; la proscription des fleurs de lys, en 1831, sous un prince Bourbon, a été un acte d'insigne folie qu'elle désavouera hautement un jour, et tout alors, doctrines politiques, opinions, conduites, intentions, tout, disons-nous, sera bien jugé.

. P.